もくじ

- この本の使い方 … ③
- この本の登場人物 … ③

道路

- 人やものをつなぐ道路 … ④
  〜 日本のすみずみまでのびている 〜
- いろいろな道路 … ⑥
  〜 国道や高速道路 〜
- 道路からのメッセージ① … ⑧
  〜 安全のための工夫 〜
- 道路からのメッセージ② … ⑩
  〜 いろいろな標識と標示 〜
- 道路の下にはなにがある？ … ⑫
  〜 地下を通るライフライン 〜
- 道路を取り仕切る信号 … ⑭
  〜 車がスムーズに走るひみつ 〜

現場レポート
- 道路がきれいに舗装されるまで … ⑯
- 道路をつなぐトンネルと橋 … ⑱
  〜 地形に合わせた構造 〜

線路

- 線路は列車のための道 … ⑳
  〜 列車が走るしくみを見てみよう 〜
- 電車を走らせる① … ㉒
  〜 電気で動く電車のしくみ 〜
- 電車を走らせる② … ㉔
  〜 地下を走る地下鉄 〜
- 踏切の役割としくみ … ㉖
  〜 安全に通れる工夫がいっぱい 〜
- 列車どうしがぶつからないひみつ … ㉘
  〜 列車をコントロールする信号機 〜
- 都市をつなぐ新幹線 … ㉚
  〜 速さと安全のひみつ 〜
- リニア中央新幹線 … ㉜
  〜 時速500kmの技術 〜

航空路

- 国や地域を結ぶ航空路 … ㉞
  〜 目には見えない空の道 〜
- 飛行機のための道 … ㊱
  〜 ルートマップを見てみよう 〜
- 飛行機を飛ばす① … ㊳
  〜 管制部の仕事 〜
- 飛行機を飛ばす② … ㊵
  〜 安全に飛ぶための電波 〜
- 飛行機のための信号機 … ㊷
  〜 離着陸のコントロール 〜

現場レポート
- 空港で預けた荷物はどこへ行くの？ … ㊹

さくいん … ㊻

この本の使い方

どのライフラインを説明しているかを示すアイコンです。

ライフラインのしくみや構造を、イラストでくわしく説明します。

特に注目するべきポイントは写真でもしょうかいします。

現場レポート ライフラインの現場に行って、とおるさんや、みらいさんが調査開始。実際に訪れたつもりになって読み進めましょう。

ページの中でとりあげた内容にまつわる、補足説明です。右の3つの種類があります。

- 豆知識
- クイズ
- 用語解説

この本の登場人物

ぼくは、ミチタロー。道から生まれたようせいなんだ。耳としっぽのタイヤ、かっこいいだろう。いろいろな「道」を見てみよう！

ぼく、とおる。小学4年生だよ。家族でよく車に乗っているよ

わたしは、みらい。小学5年生だよ。飛行機に乗ってみたい！

ミチタロー

とおる   **みらい**

2巻キャラクター
ビリー

3巻キャラクター
チャプリン

道路

人やものをつなぐ道路
〜 日本のすみずみまでのびている 〜

わたしたちの家のまわりにある「道路」。いろいろな目的地につながっているよ。学校や友だちの家、お店に行ける。きみの家に荷物が届く。救急車や消防車、パトカーなど、緊急のときにも使われるね。みんなの生活になくてはならない道路について見てみよう。

すごくふくざつな形をしているね

いろいろな道路
～ 国道や高速道路 ～

たくさんの車が行き交う広い道路もあれば、人の行き来の少ない道路もあるけれど、道路は大きく4種類に分けられるよ。

道路の種類

❶ 国道
国が指定した全国をつなぐ主要な道路です。1号から507号まであり、「国道○号」と呼ばれます。

❷ 都道府県道
都道府県が管理している地方の主要な道路です。「県道・都道・府道・道道○号」などと呼ばれます。

❸ 市（区）町村道
市町村の区域内の道路。多くの建物につながっていて「生活道路」とも呼ばれます。

写真：福島県鮫川村役場

❹ 高速自動車道（高速道路）
自動車専用の道路で、普通の道路よりもスピードを出せます。人や物が全国を移動するためにとても重要です。

おもな国道地図

国道1号～20号と、鹿児島から沖縄を結ぶ国道58号が入っている地図だよ。

豆知識 最初の番号❶がついた国道（1号）は、東京都中央区と大阪府大阪市北区の間の約750kmを結んでいるよ。

column
高速道路に必ずあるもの

区間ごと、出入り口付近などに設置されているよ。

料金所
ETCは、無線を使って料金を自動的に支払うことができます。一般は、現金などで料金の支払いができます。

速度標識
天候などで変わる制限速度の表示装置です。

ブリンカーライト
道路の分かれ道を知らせるライトです。上下のライトが交代で点滅します。

高速道路地図

高速自動車道（高速道路）の地図だよ。

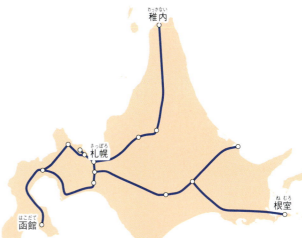

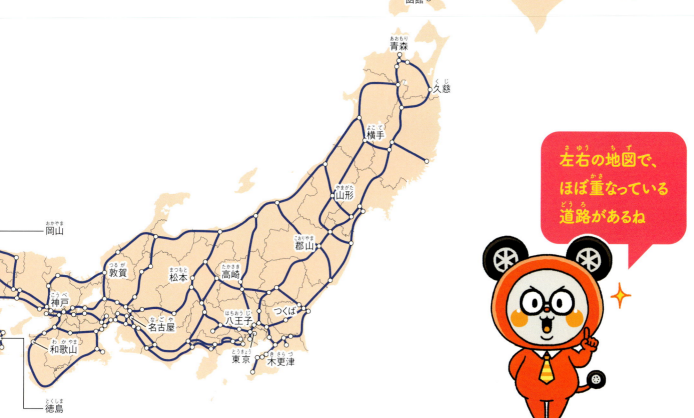

左右の地図で、ほぼ重なっている道路があるね

豆知識 高速道路「E 8」の「E」は「高速道路」を意味し、「8」は同じ方向に通っている国道の番号だよ。

(7)

道路からのメッセージ①
～ 安全のための工夫 ～

道路はみんなで使うものだね。使うためのルールがだれでもすぐにわかるように、道路標識や標示が工夫されているよ。

普通自転車専用通行帯

自転車だけが走れるところを示します。自動車やバイクなどは走れません。この表示があるところでは、歩道ではなくここを走るようにします。

制限速度

自動車やバイクの最高速度を表す数字です。40なら、時速40kmまで出してよいという意味。ななめから見たときに普通に見えるように、縦長の文字になっています。

クイズ 自転車に乗っているときにやってもいいことは？ ①スマホで話す ②2台で並んで走る ③ヘルメットの代わりに帽子をかぶる

(8)

みんなで家のまわりの標識や標示を見てみよう!

道路

標識
道路の案内をしています。高い位置にあるものは、自動車などの運転者向けが多いです。

普通自転車専用通行帯
自転車が優先して走ることのできるレーン。

進行方向別通行区分
交差点で、車両は矢印の向きだけに進めます。

駐車禁止
数字の時間帯は駐車してはいけません。

歩行者横断禁止
この標識のあるところで、歩行者は横断してはいけません。

最高速度
自動車やバイクなどの車両が出せる最高速度。

この先に横断歩道または自転車横断帯あり
ひし形のマークは、歩行者の横断歩道または自転車が横断するところがあることを示しています。自動車やバイクなどを運転している人が、いつでも止まれるように準備するための標示です。

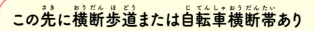

追い越し禁止!

センターライン
反対方向の車線との間に引かれる線。白と黄色があり、白にはとぎれた線(破線)もあります。黄色のセンターラインは、追いこすとき、はみ出してはいけないことを示しています(p.11)。

家の近くの道路で見たことあるよ

 全部やってはいけない。ただし、2台まで並走を許可している場合もあるよ (p.10)。

道路からのメッセージ②
〜いろいろな標識と標示〜

標識と標示は、道路の注意事項がひと目でわかるようにマークで表されているよ。車を運転する人はもちろん、歩行者も覚えておこう。

禁止や制限を示す標識

歩行者も車両も通ってはいけません。／車両は進入してはいけません。／軽車両以外の車両は通ってはいけません。／自動車は通ってはいけません。／自転車は通ってはいけません。／数字の時間帯は駐停車してはいけません。

表示の重さをこえる車は通れません。／表示の高さをこえる車は通れません。／表示の速度より遅く走ってはいけません。／すぐ止まれる速度でゆっくり走ります。／停止線の位置でいったん止まります。／歩行者は通れません。

交通の標示

雪対策チェーンをつけていれば通れます。／自動車だけ通れます。／歩行者と自転車だけ通れます。／歩行者だけ通れます。／自転車だけが通れます。／横断歩道があります。

横断歩道と自転車の横断帯があります。／ここに駐車できます。／バスが来たら自動車は道をゆずります。／自転車は2台まで並んで走れます。／自動車が入れない、歩行者の安全地帯です。／矢印の方向だけに進むことができます。

 自動車は「軽車両」という、車（車両）の一種だよ。

危険な場所の警告や注意

この先に、連続する急カーブがあります。 / この先で、横から強い風が吹くことがあります。 / この先で、上から石が落ちてくる可能性があります。 / この先に、通学路・スクールゾーンがあります。学童に注意。 / この先に、踏切があるので注意。 / この先の道路に、でこぼこがあります。

この先で、道路工事が行われています。 / この先で、動物が飛び出してくる可能性があります。 / この先に、急な坂道があります（数字はかたむきの程度）。 / この先に、街路樹の枝や、牛の横断など、さまざまな危険があります。

黄色の標識は警告や注意だよ

いろいろな区画線

太い道路に多い。原則として、はみ出しては追い越せません。

細い道路に多い。はみ出して追い越せます。

はみ出して追い越してはいけません。(p.9)

白から黄色へは、はみ出して追い越せますが、黄色から白はダメです。

道路の流れをわかりやすくする線。上を走れます。

入ったり駐車したりしてはいけない範囲です。

止まってはいけない範囲です。

車は入れず歩行者のための場所です。

道路にもメッセージがたくさんあるね

 沖縄には、絶めつのおそれがある国の天然記念物の鳥、ヤンバルクイナの「飛び出し注意」の標識があるよ。

道路の下にはなにがある？
〜 地下を通るライフライン 〜

わたしたちが歩く道路の下には、生活に欠かせないさまざまなライフラインが通っているんだよ。地下にはりめぐらされたパイプやケーブルを見てみよう。

上水道
浄水場から送られてきた、きれいな水が通っています。

ガス
ガス会社から、燃料としての都市ガスが送られてきます。

下水道
家や会社などで使った水が集められ、下水処理場へと流れます。

通信網
電話やインターネットのケーブル。電気の信号が送られます。

豆知識　電線類を地中に埋めて電柱をなくす、無電柱化が少しずつ進んでいるよ。

道路の下には
こんなにパイプが
うまってるんだ

地下鉄はさらに深い！

大きな都市などにある地下鉄も、いってみれば大きなパイプ。さらに深いところを、電車が走り、人が通っているんだ。

地下鉄

電力線・通信網は2巻、
上下水道は3巻を見てね

2巻キャラクター
ビリー

3巻キャラクター
チャプリン

道路

column

ライフラインをまとめる

「共同溝」という、ライフラインをまとめた太いパイプもつくられているよ。人が中に入って、それぞれのパイプの点検や工事などができるんだ。

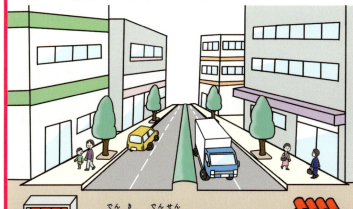

協力：豊島区、
ジオ・サーチ株式会社

電力線

発電所からいくつもの変電所をへて、各家庭などへ枝分かれします。

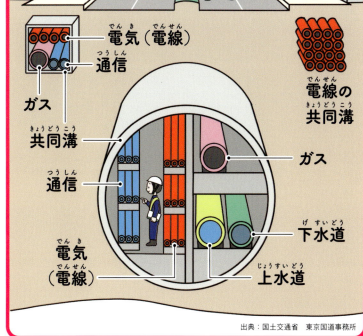

電気（電線）
通信
ガス
共同溝
通信
電気（電線）
電線の共同溝
ガス
下水道
上水道

出典：国土交通省　東京国道事務所

 道路の上から地中に向かって電波を出し、その電波のようすを調べることによって、地中に埋まっているパイプの配置がわかるんだ。

(13)

道路を取り仕切る信号
～ 車がスムーズに走るひみつ ～

道路の交通整理をする信号機。車がスムーズに走れるように、情報が集められ、さまざまに工夫されたしくみが備わっているんだよ。

信号機のコントロール

信号機は交通の流れをコントロールするよ。信号機をコントロールするのが、交通情報が集められた交通管制センターだよ。

出典：公益財団法人 日本交通管理技術協会HP

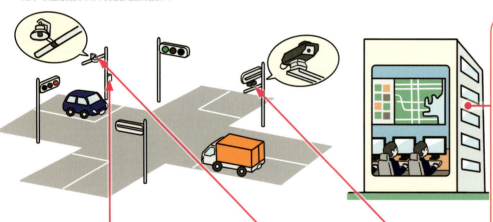

交通管制センター
車両感知器が送った情報をもとに、信号機に指示を出しています。

写真：警視庁広報部

交通信号制御機
青・黄・赤の信号が光る時間を、交通量や時間帯に応じて調節しています。

写真：株式会社京三製作所

信号機の柱の下のほうにセットされています。

車両感知器
車線の真上にあり、車両の数やスピードを、交通管制センターに伝えます。

下を通過する車を計測（カウント）しています。

交通流監視カメラ
車の流れや事故などを、高い所から見ています。

交通管制センターが、カメラの向きやズームなどの操作をしています。

信号機は交通をスムーズにして、事故を防いでいるんだね

豆知識 交通管制センターは、ほかにも、交通規制や道路工事、イベントなど、道路交通についての情報をラジオ等でドライバーに伝えるよ。

信号機をコントロールする3つのポイント

❶ サイクル
信号が、青→黄→赤と1周する時間のことです。

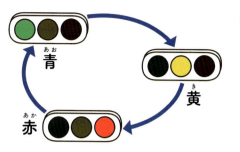

❷ スプリット
道路の方向別に割り当てられる時間配分のことです。

信号のサイクルの割り当ての例
100秒を1サイクルとしたとき

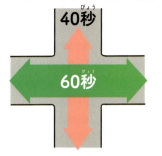

40秒
60秒

❸ オフセット
制限速度で走る車が、信号で止まらずに走れるしくみです。となりどうしの交差点で、青信号の始まる時間をずらしていて、この時間のずれをオフセットといいます。

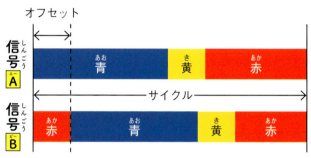

出典：公益財団法人 日本交通管理技術協会HP

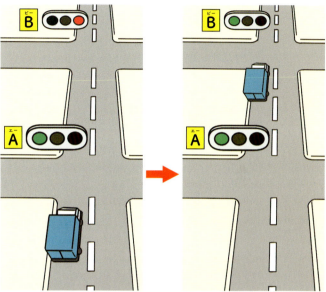

赤信号にかからないのはただのラッキーじゃないんだね

主要道路を走るとき、信号で止まることなくスムーズに走れることがあるのは「オフセット」のおかげです。

豆知識 信号機は全国に約20万7000基設置され、うち約35％の約7万3000基が交通管制センターでコントロールされているんだ。（令和4年度）

道路がきれいに舗装されるまで

現場レポート

道路はアスファルトという石油の一種からつくられる。どのようにして道路ができるか、舗装工事を見てきたよ

アスファルト
写真：ニチレキ株式会社

①現場の測量
設計図や工事の発注情報を見て、実際に現場で確認します。高さや長さなどを測り直したり、現場にマークをつけたりしながら計画を立てます。

計画を立てる

写真：株式会社エコワーク

道路の一番下の層をしっかり固める
タイヤローラー
写真：株式会社エコワーク

②路床工事
道路の一番下の層の「路床」をしっかり固めます。1mくらいの厚さの土を、タイヤローラーなどで力をかけて、しめ固めていきます。

③路盤工事
路床の上に下層と上層の路盤をつくります。砕いた石などを材料にして、ロードローラーを使って均一に締め固めていきます。道路を通る車の重さを広く散らばせて伝える、クッションの役目があります。

家や学校周辺の道路工事に注目してみよう

ギュッと固める
ロードローラー
写真：株式会社エコワーク

豆知識 下層路盤は岩石を粉砕した粗い石（砂利）を使い、上層路盤はふるいにかけた粒のそろった石を使うよ。

道路は5層になっている

わたしたちが利用する道路は、5層になっているよ。1m以上深いところにまで道路の基礎がつくられているんだ。層を分けることで車の重さをクッションのようにやわらげることができるよ。交通量や、多く走る車の種類、降水量や気温などによって、それぞれの層の厚みを変えたり、材料を変えたりすることもあるよ。

④基層工事

温度150℃以上の熱いアスファルト混合物を、路盤の上に敷いていきます。敷いたらアスファルトフィニッシャで均一に締め固めます。

⑤表層工事

最後は表層。やり方は基層工事と同じですが、使うのは、まさつや水に強く滑りにくい、密度の高いアスファルトです。でこぼこしないよう、ローラー重機で整えていきます。

アスファルトを敷く！
アスファルトフィニッシャ
写真：株式会社エコワーク

なめらかに仕上げる！
タイヤローラー
ロードローラー
写真：株式会社エコワーク

column

アスファルトは石油からできている

アスファルトは、石油の使いやすい成分を温度のちがいで取り出した後の残りの成分でつくられているんだ。

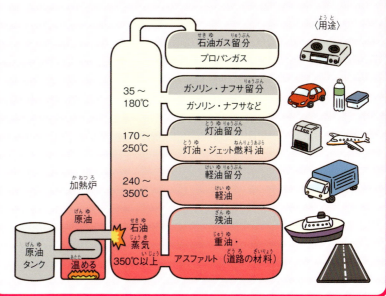

豆知識 トンネル内の道路はコンクリートが多いよ。耐久性があり（長持ちする）、トンネル内の照明が反射して見やすいからなんだ。

道路をつなぐトンネルと橋
～ 地形に合わせた構造 ～

日本は山がちな地形で、川や島が多いね。山や川で途切れた道路をつなぐのが、トンネルと橋の役目だよ。

トンネルは安全対策が特に重要だね！

トンネルと安全

東京都にある全長18.2kmの日本最長の「山手トンネル」。高速道路のトンネルとしては世界第1位の長さだよ。トンネル内にはどんな設備があるのかな。

スピーカー
必要な情報を運転者に伝えます。

信号機・警報板
トンネル内の事故や火災を伝えます。

ジェットファン
火災などによる煙の流れを調整し、避難の時間を確保します。

照明
安全な明るさで照らし、停電でも消えません。

テレビカメラ
トンネル内を常に写し、管制室へ送ります。

非常口
緊急時に地上に避難するため、250～350m間隔であります。

水噴霧設備
霧のような水を出し、火災の拡大を防ぎます。

消火器
消火できるように約50m間隔で置かれています。

通報装置
火災や非常時に押して、管制室へ知らせます。

非常電話
受話器を取ると、管制室へつながります。

火災検知器
火災をただちに察知し、管制室へ情報を送ります。

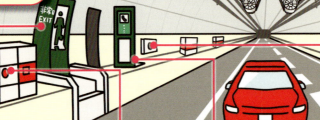

出典：首都高速道路株式会社

 山手トンネルは、道路トンネルとしてもノルウェーのラルダールトンネルに次いで世界第2位の長さなんだ。

橋のつくり

橋は離れた場所をつなぐもので、生活になくてはならないね。いろいろな種類のつくりがあるよ。みんなも調べてみよう。

けた橋

「けた」とは、人や車が通る部分。2つの地点を、1つの「けた」だけでつなぐ構造です。

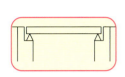

松島橋（大阪府）

ラーメン橋

橋を支える橋脚が、「けた」と一体になっています。ラーメンとはドイツ語で額縁のことです。

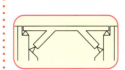

北陸自動車道の跨道橋（道路の上を越える橋）（新潟県）

アーチ橋

上がふくらんだ曲線の形のアーチリブに支えられた橋。重いものを支えられる、がんじょうなつくりです。

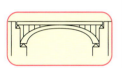

広島空港大橋（広島県）

つり橋

塔にメインケーブルをわたし、たらしたハンガーケーブルで、「けた」をつり上げています。

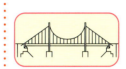

明石海峡大橋（兵庫県）

斜張橋

塔から張られたケーブルで、直接「けた」をつって支えるつくりです。

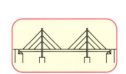

十勝大橋（北海道）

トラス橋

三角形の骨組みを、「けた」にかけわたしています。細い材料でもじょうぶな構造です。

藤倉水源地水道施設管理橋（秋田県）

いろいろな形の橋がある

気仙沼大島大橋（宮城県）
愛称は「鶴亀大橋」。アーチ橋の仲間だよ。

生月大橋（長崎県）
トラス橋の仲間。橋脚の間が400mもあるよ。

用語解説　「けた」は、人や車が通る部分で、「橋げた」ともいうよ。

道路

線路
線路は列車のための道
〜 列車が走るしくみを見てみよう 〜

わたしたちが目的地まで行けるように線路はつながっているね。その上を列車はどうやって走って運んでくれているのかな？

線路上を走る車両を「列車」というよ。電車もその1つだよ。

電車を走らせる①
～電気で動く電車のしくみ～

電車はその名の通り電気で動く。コンセントはなさそうだけど、電気をどう取り入れて、どう使うのかな？

電車内の電気の通り道

電気は、途切れずに一周する「回路」ができたときに流れる。電車の電気も回路がないと流れないよ。架線から電車の屋根の上にある「パンタグラフ」を通って送られてきた電気で電車を動かしているんだ。これは、その一例だよ。

送電については、2巻を見てくれ！

2巻キャラクター ビリー

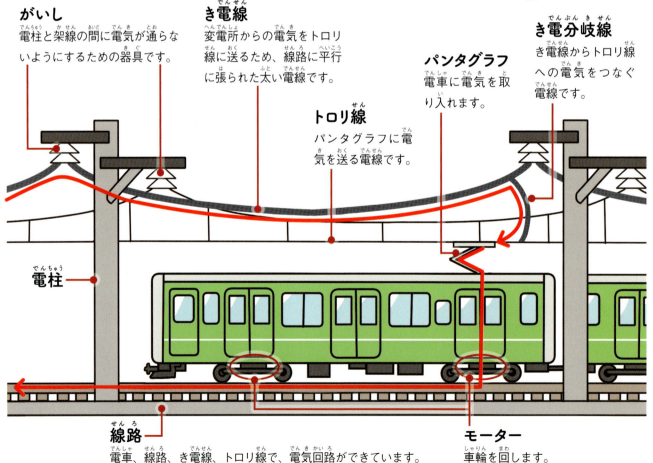

がいし
電柱と架線の間に電気が通らないようにするための器具です。

き電線
変電所からの電気をトロリ線に送るため、線路に平行に張られた太い電線です。

トロリ線
パンタグラフに電気を送る電線です。

パンタグラフ
電車に電気を取り入れます。

き電分岐線
き電線からトロリ線への電気をつなぐ電線です。

電柱

線路
電車、線路、き電線、トロリ線で、電気回路ができています。

モーター
車輪を回します。

用語解説　トロリ線などの電線をまとめて「架線」というよ。

ブレーキで発電

モーターは、電気によって回転するよ。逆に、モーターを回転させると電気が生まれるんだ。このしくみを利用して、ブレーキをかけたいときに、モーターの回転を電気に変えることができるよ。電気になった分だけモーターの回転が遅くなり、電車のスピードも遅くなる。このときにできた電気をトロリ線にもどして、ほかの電車が使う電気にすることもできるんだ。

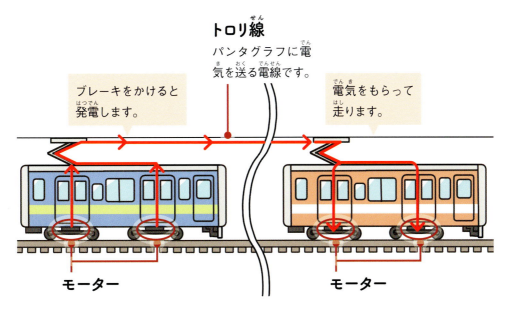

トロリ線 — パンタグラフに電気を送る電線です。
ブレーキをかけると発電します。
電気をもらって走ります。
モーター

線路

重さにたえる線路の工夫

重くて高速度の電車の負荷にたえられるように、線路にはいろいろな工夫があるよ。

バラスト式
バラストとは砂利のこと。レールの下に砂利を敷くことで、衝撃を吸いこみ、騒音が少なくなります。

- **枕木**：一定の間隔で置くことで線路を支えます。
- **バラスト（道床）**：バラストを敷いた上に枕木を固定して、線路のゆがみを防ぎます。
- **路盤**：道床を支えます。アスファルトなどが使われます。
- **レール**：電車の車輪を支えます。

スラブ式
スラブとはコンクリートの板のことです。線路がゆがみにくく、修理が簡単になります。

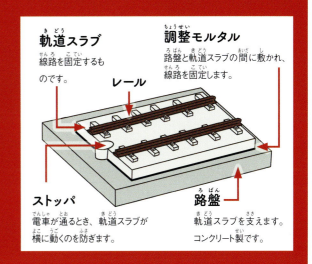

- **軌道スラブ**：線路を固定するものです。
- **調整モルタル**：路盤と軌道スラブの間に敷かれ、線路を固定します。
- **レール**
- **ストッパ**：電車が通るとき、軌道スラブが横に動くのを防ぎます。
- **路盤**：軌道スラブを支えます。コンクリート製です。

豆知識　パンタグラフは、ダイヤモンドの形をしたもの、くの字をしたものなどがあるよ。

線路
電車を走らせる②
〜 地下を走る地下鉄 〜

地上の電車は、線路の上の架線から電気を取り入れていたね。せまい空間を走る地下鉄はどうかな？　ここでは、地下鉄で見られる剛体ちょう架式と第三軌条方式を紹介するよ。

剛体ちょう架式

地上の電車と同じように架線から電気を取りこむ方式の1つだよ。剛体架線と呼ばれる架線を使うよ。天井が低く、せまい空間でも設置できるんだ。パンタグラフを通して電気を取り入れているよ。

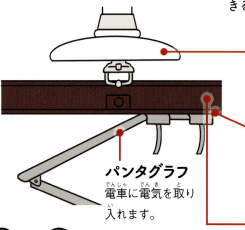

がいし
剛体架線とそれを支える柱との間に電気が通らないようにするものです。

トロリ線
パンタグラフに電気を送る電線です。

パンタグラフ
電車に電気を取り入れます。

剛体架線
下に、パンタグラフが接触するトロリ線がついています。

福岡市地下鉄　七隈線

福岡市の地下鉄七隈線では、天井にある線路のような剛体架線に電気が流れます。ここから電気を取り入れます。

地上を走る電車と同じ方式（p.22）を使う地下鉄もあるよ

column

地面にある地下鉄の換気口

電車が走ると、真上にある換気口から、トンネル内の空気が押し出される換気方式を採用している地下鉄があるよ。通過すると新鮮な空気が取りこまれるんだ。これを自然換気方式というよ。

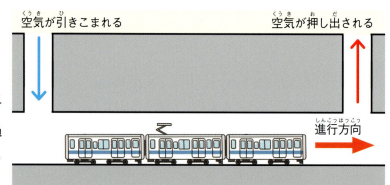

空気が引きこまれる　　空気が押し出される
進行方向

豆知識　地下鉄の車輪は金属だけど、札幌市の地下鉄では、ゴム製のタイヤ車輪の電車が走っているよ。

第三軌条方式

車輪が通るための2本のレールの横に、電気の流れる第三のレール（軌条）を設置する方式だよ。架線の代わりにこの第三のレールから電気を取り入れて走るんだ。

線路

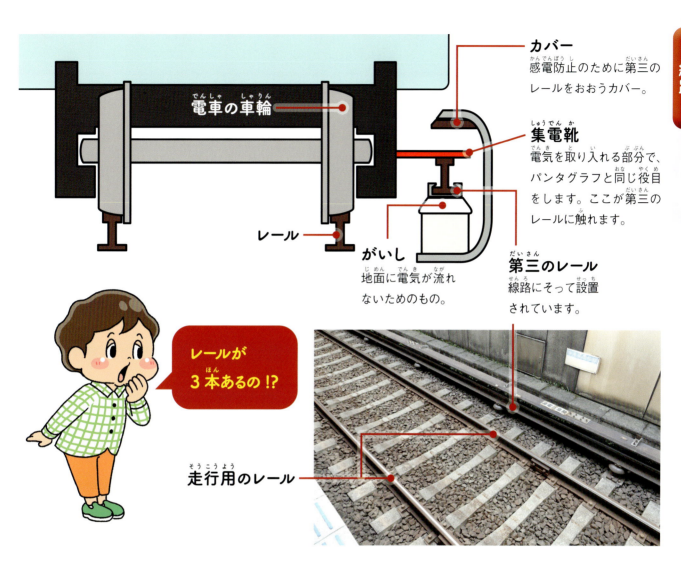

カバー
感電防止のために第三のレールをおおうカバー。

集電靴
電気を取り入れる部分で、パンタグラフと同じ役目をします。ここが第三のレールに触れます。

がいし
地面に電気が流れないためのもの。

第三のレール
線路にそって設置されています。

レールが3本あるの!?

走行用のレール

換気口

自然換気方式は、今では貴重なんだって。

豆知識 地下鉄や地下鉄に乗り入れる電車の先頭車両正面には、非常用の扉があることが多いよ。

線路
踏切の役割としくみ
～ 安全に通れる工夫がいっぱい ～

道路が鉄道と交わる場所にある踏切。列車が通るとき、列車や自動車、人が安全に通行できるようにいろいろな工夫がされているんだよ。

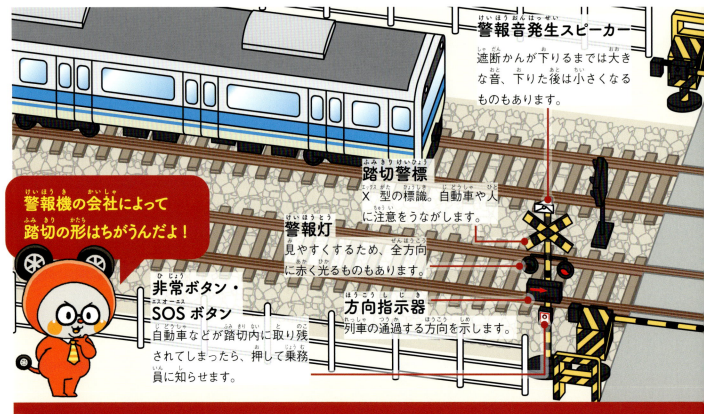

警報音発生スピーカー
遮断かんが下りるまでは大きな音、下りた後は小さくなるものもあります。

踏切警標
X型の標識。自動車や人に注意をうながします。

警報灯
見やすくするため、全方向に赤く光るものもあります。

方向指示器
列車の通過する方向を示します。

警報機の会社によって踏切の形はちがうんだよ！

非常ボタン・SOSボタン
自動車などが踏切内に取り残されてしまったら、押して乗務員に知らせます。

列車が踏切を通るとき

道路の左右に遮断かんがついている大きな踏切では、内側に自動車や人が取り残されないような工夫がされているよ。

❶ 警報開始
列車がある距離まで近づくと警報灯や遮断機が作動します。

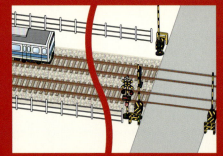

❷ 左の遮断かんが下りる
警報灯が光って警報音が鳴り、左（自動車の進行方向）の遮断かんが下りて、自動車などの進入を止めます。

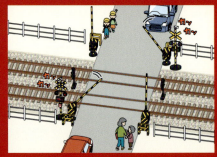

豆知識 遮断かんは、遮断時には道路面から80cmの高さで水平になるように決められているんだ。

遮断かん
電車が来る前に自動車や人の通行をさえぎります。FRP（繊維強化プラスチック）などの折れにくい素材でできています。遮断機の根元で折れ曲がるようになっているので、踏切内に閉じこめられたとしても押し出ることができます。

踏切遮断機
列車が通るときに遮断かんを下ろします。

特殊信号発光機
非常ボタンが押されたり、異常が起こったときに発光し、運転士に列車の停止を指示します。

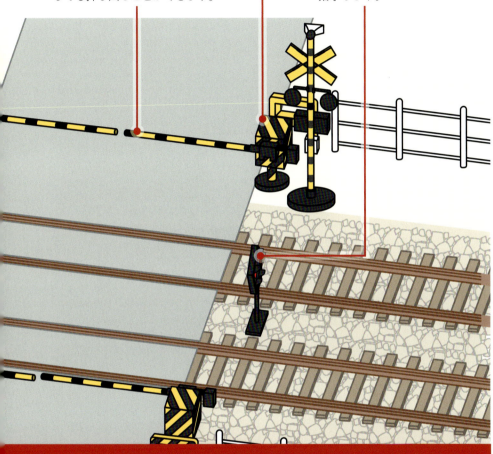

column

踏切の警報のひみつ
警報は、光と音で電車の接近を歩行者や自動車の運転者などに知らせるよ。

故障したときは？
警報灯を光らせる装置と警報音を出す装置は、どちらかの装置が故障しても、残りの装置だけで警報を発することができます。

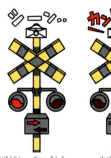

警報音を出す装置が故障したとき　　警報灯を光らせる装置が故障したとき

故障したときの備え
警報灯を光らせる装置と警報音を出す装置は、どちらも予備の装置を備えています。

不協和音
あえて耳障りな音にしてあり、警戒心を呼び起こします。
<例>ファとソの♭（フラット）

線路

③ 右の遮断かんが下りる
右（自動車の進行方向と反対側）の遮断かんが下ります。踏切内にいた自動車はこの間に踏切の外に出なければなりません。

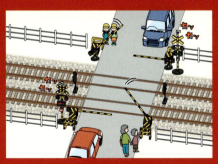

④ 警報終了
この後、列車がある距離まで遠ざかると、警報灯と警報音が止まり、遮断かんが上がります。

豆知識 踏切音が鳴り始めてから電車が踏切に来るまでは、わずか十数秒であっという間だよ。音が鳴り始めたら踏切内にいてはダメなんだ。

(27)

線路
列車どうしがぶつからないひみつ
〜 列車をコントロールする信号機 〜

同じ線路の上を、たくさんの列車が行き来するよ。ぶつかることなく、時間通りに走れるのは、信号機が正しく働いて、その指示を列車の運転士がきちんと守っているからなんだ。信号機の表示にしたがって、どのように列車が進んでいくか、見てみよう。

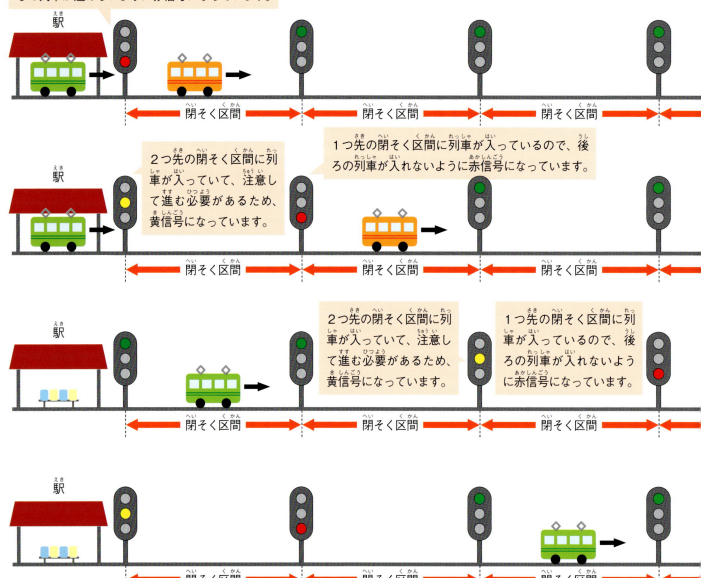

豆知識　よく知られる「出発進行」は、駅で列車の出発を確認する信号機（出発信号機）によって示された状況のことだよ。

「閉そく区間」ってなに？

「閉そく区間」とは、1つの列車だけが走ることができる区間のこと。線路をいくつかの区間に区切ることで、閉そく区間ができるよ。

線路

ここでは「三灯式」で説明しているよ。

駅に列車が入っていて、注意して進む必要があるため、黄信号になっています。

写真の信号はランプが3つの三灯式です。

いろいろな列車の信号機

列車の信号機は、三灯式以外に、四灯式、五灯式など、いろいろな種類があるよ。

豆知識 駅も閉そく区間の1つではあるけれど、「場内閉そく区間」と呼ぶものだよ。

(29)

都市をつなぐ新幹線
～ 速さと安全のひみつ ～

新幹線では、1日約1000本の列車が走っているよ。そのうち、東海道新幹線は1日370本にもなるんだ。時間通りに安全に運行するための努力がされているよ。

全国を結ぶ新幹線

新幹線は全部で10路線。東京駅を発着する新幹線は、全新幹線の約3分の2もあるんだ。

- **北海道新幹線** 新青森―新函館北斗駅
- **秋田新幹線** 盛岡駅―秋田駅
- **東北新幹線** 東京駅―新青森駅
- **上越新幹線** 大宮駅―新潟駅
- **北陸新幹線** 高崎駅―敦賀駅
- **山形新幹線** 福島駅―新庄駅
- **東海道新幹線** 東京駅―新大阪駅
- **山陽新幹線** 新大阪駅―博多駅
- **西九州新幹線** 武雄温泉駅―長崎駅
- **九州新幹線** 博多駅―鹿児島中央駅

秋田新幹線を走る「こまち」。

最高時速320kmで走ることができるE5系新幹線「はやぶさ」。

最高時速300kmで走る新幹線N700S。

日本の大きな都市を結んでいるんだね

クイズ 10路線の新幹線のうち、以前からある線路（在来線）を使う、山形新幹線と秋田新幹線を何という？　ヒント ○○新幹線 →

30

新幹線の運行管理

たくさんの新幹線がきちんと走れるように、新幹線は「新幹線運行管理システム」でコントロールされているよ。新幹線運行管理システムは「コムトラック」と呼ばれているんだ。1本の少しの遅れが次の新幹線の遅れを招き、運行ダイヤが乱れてしまうときには、それを食い止めるため、コンピュータによる新幹線運行管理システムと指令員による指示や情報提供で管理されているよ。

数分ごとに出発する時間もあるんだね

線路

運行ダイヤが乱れたら？

もし遅れが出たら、「コムトラック」が新幹線の出発や駅に到着する順番を最適に入れ替えて、ポイント切りかえなどをコントロールするよ。ほかの新幹線に遅れが出ないようにすることで、ダイヤの乱れを最小限におさえるんだ。

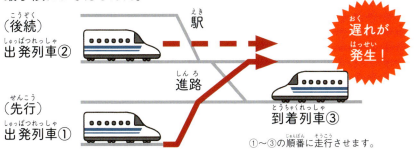

新幹線総合指令所

新幹線の運行を、リアルタイムで見守り、遅れが発生したら各駅や列車に対して的確な指示を出します。

※写真はイメージです。

協力：東海旅客鉄道株式会社　※「コムトラック」は、東海道新幹線、山陽新幹線などで運用されているシステムです。

---

column

地震を素早くキャッチ！

日本各地には地震計が置かれているよ。地震が起こると、震源から近い地震計が初期の小さなゆれ（P波）を検知して変電所へ情報を送り、本格的な大きなゆれ（S波）が来ると予想されると電力の供給をストップするんだ。だから、本格的なゆれ（S波）が来る前に、緊急停止ができるんだよ。2024年1月の能登半島沖地震では、震源に近い海岸地震計がP波をキャッチ。北陸新幹線が緊急停止し、脱線などの事故が起こらずにすんだよ。

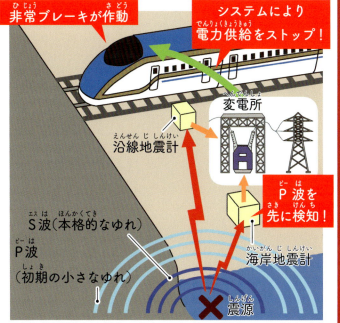

出典：読売新聞社サイト「防災ニッポン」2024年4月23日記事中のイラストをもとに作成

こたえ　ミニ新幹線（新幹線はおもな区間を時速200km以上で走行することをいうけれど、在来線と同じ速さで走行する区間があるんだ。）

リニア中央新幹線
～ 時速500kmの技術 ～

新しい新幹線として建設が進んでいるのが、リニア中央新幹線だよ。磁石の力で車両を浮かせて時速500kmのスピードで走るんだ。

U字型をしている「ガイドウェイ」内を走るのが特徴。ガイドウェイには、「推進コイル」と「浮上・案内コイル」がついているんだ。リニアは磁力を利用して走っているよ。

磁力の働きを利用したリニア

推進コイル
車両を前に進めるはたらきをします。

浮上・案内コイル
車両を浮かせ、ガイドウェイの中心に案内するはたらきをします。

ガイドウェイ
リニアの線路です。

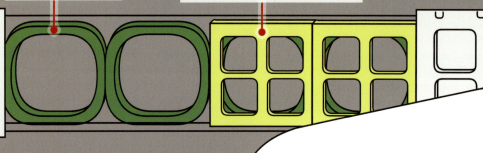

前進するしくみ

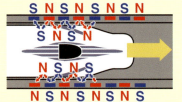

推進コイルに電気を流すと、磁界（N極・S極）が発生し、車両の超電導磁石との間で引き合う力と反発する力ができて、この力で前進します。

浮くしくみ

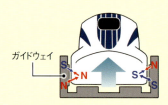

車両の「超電導磁石」が高速で通過すると、ガイドウェイの両側につけられた「浮上・案内コイル」に電流が流れて電磁石となり、車両を押し上げる力、引き上げる力がはたらき、浮いて走ります。

豆知識 リニア中央新幹線は、浮いて走行しているときは、車両を10cm浮かせているよ。

リニア中央新幹線の通り道

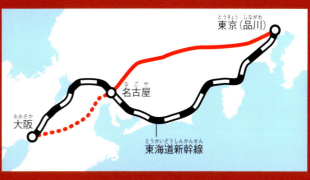

すでに建設が始まっている東京（品川）－名古屋間を最速40分、東京（品川）－大阪間を最速67分で結ぶ予定だよ。

線路

現在は山梨県にある実験線で走行試験をくり返しているよ

案内するしくみ

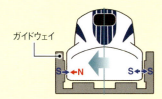

ガイドウェイの両側につけられた「浮上・案内コイル」は、車両が中心からずれると、遠ざかった側に引き寄せる力、近づいた側に反発する力がはたらくため、車両を常に中心にもどします。

超電導磁石

超電導磁石にはニオブチタン合金を使用し、液体ヘリウムで－269℃まで冷やすことで、安定した超電導状態をつくり出し、強力な磁石の力を出します。

車輪

実はリニアには車輪がついていて、時速150km以下では車輪で走行します。速度が上がると車輪をしまって浮上走行に切り替わり、時速500kmまで加速します。

協力：東海旅客鉄道株式会社

 超電導は、ある金属を一定温度以下にすると電気抵抗がゼロになることだよ。

航空路
国や地域を結ぶ航空路
～ 目には見えない空の道 ～

外国や、国内の離れたところに行くとき、飛行機は速いのでとても便利だよ。
空港は、航空路によってつながっているんだ。

明かりがたくさん！
キラキラしてきれいだね

昼間の滑走路

昼間の明るい滑走路と暗くなった滑走路を見比べてみよう。

航空路

この明かりが飛行機着陸の道しるべなんだよ

大阪国際空港（伊丹空港）

大阪府豊中市・池田市、兵庫県伊丹市にまたがる、現在は国内線専用の空港です。

航空路
飛行機のための道
〜ルートマップを見てみよう〜

目には見えないけれど、空には飛行機のための道があるよ。どこを、どの順番で飛ぶか、航空路は決められているんだ。

国内線のルートマップ

これは日本国内の空港から空港への道の一部を地図にしたものだ。航空会社ごとに路線があるんだ。国内だけでも日本航空（JAL）や全日本空輸（ANA）、Peach Aviation、ソラシドエアなど複数の航空会社があり、さらに国際線も飛んでいるので、空の道はとても複雑なんだ。

ルートマップは飛行機内の冊子などで見られるよ

協力：日本航空株式会社
株式会社東京印書館

豆知識 日本航空（JAL）は1951年創業の航空会社。国内線・国際線を合わせて199路線で飛行機を運航しているよ。（令和6年3月時点）

航空路

空港と空港の間を一直線に飛ばないことのほうが多いんだ

航空路を示す線です。

旭川空港（北海道のまん中）
新千歳空港
函館空港
釧路空港（たんちょう釧路）
帯広空港（とかち帯広）
秋田空港
山形空港（おいしい山形）
新潟空港
仙台空港
大阪国際空港（伊丹）
成田国際空港
中部国際空港
東京国際空港（羽田）
関西国際空港

＼空の道を飛ぶよ／

写真：日本航空株式会社

column

だれでも見られる空の地図

国土交通省が運営するインターネットのサイト「AIS JAPAN」では、空港や航空路の地図などを見ることができるよ。航空路の地図は複雑で暗号の地図みたいだね。

（サイト）https://aisjapan.mlit.go.jp/Login.do

画像：国土交通省

豆知識　「AIS JAPAN」は英語で書かれていて、事前の登録が必要だよ。見たい人は大人に協力してもらおう。

航空路
飛行機を飛ばす①
～ 管制部の仕事 ～

飛行機の道は空にあるけれど、信号もないし、目に見えないね。飛行機どうしがぶつからないように、飛ぶ高さやエリアが決まっているんだ。空の安全は管制部が監視しているよ。

3つの管制部

日本の上空は、管理する管制部によって、3つに分けられるよ。高度約10kmまでの低高度は東京航空交通管制部と、神戸航空交通管制部が、それより上空は福岡航空交通管制部が管理しているよ。

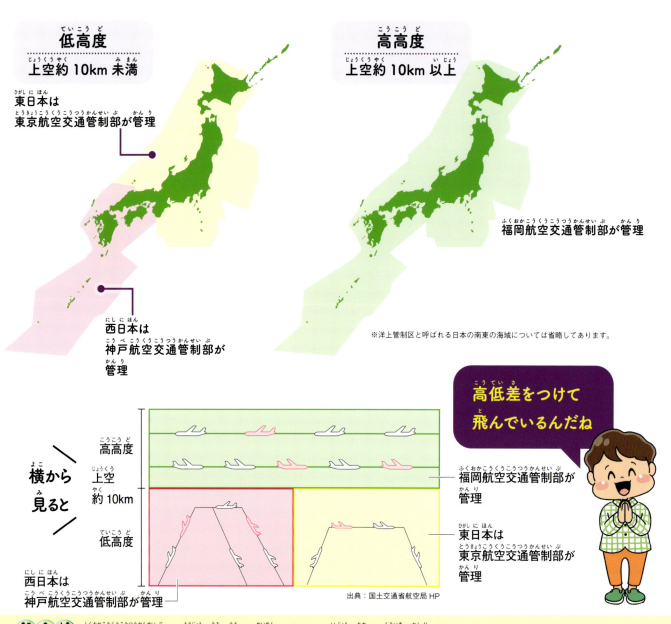

※洋上管制区と呼ばれる日本の南東の海域については省略してあります。

出典：国土交通省航空局HP

豆知識　福岡航空交通管制部は、洋上（海の上）は海面から1700m以上の高さの空域を管理しているよ。

空の安全を守る管制業務

管制部は、飛行機が安全に飛べるように、パイロットに無線で指示をするよ。飛行機が出発するときから目的地に止まるまで、飛行場管制→ターミナルレーダー管制→航空路管制のリレー形式で監視を続けているんだ。

❸航空路管制
飛行機をレーダーで監視し、安全性、時間、速度などを管制します。
写真：国土交通省航空局HP

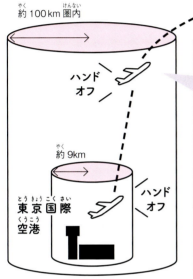

❷ターミナル・レーダー管制
離陸した飛行機を、目的地までの最も適したルートに誘導します。

❹ターミナル・レーダー管制
進入管制官が着陸の順番を決めて、空港に誘導します。

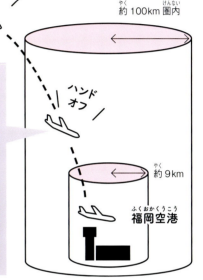

❶飛行場管制
地上管制が滑走路までの走行経路を指示し、飛行場管制が天候を確認して、離陸許可を出します。
写真：国土交通省航空局HP

❺飛行場管制
ほかの飛行機との間隔を保って、着陸ルートに導きます。止まるまで監視します。

同じ区間でも行きと帰りでルートがちがう

車が走る道路は一方通行のことがあるね。空の道にも一方通行の部分があるよ。

〈東京国際空港～福岡空港間の場合〉

用語解説　「ハンドオフ」とは管制官が使う言葉で「バトンタッチ」という意味だよ。

航空路
飛行機を飛ばす②
～ 安全に飛ぶための電波 ～

空の飛行機と地上の管制部とは離れているため、通信は電波で行われるよ。安全に飛行できるようにさまざまな設備があるんだ。

着陸は電波がガイドする

飛行機を安全に着陸させるために、滑走路にはいろいろな装置が置かれているよ。電波を使って飛行機を誘導するんだ。

> たくさんの設備が安全な運航をサポートしているんだね

着地コース

姿勢指示器

ローカライザーとグライドスロープからの電波が交わる中心を表します。飛行機は、ぴったり重なるように飛びます。

空港用距離測定装置
滑走路の着陸点までの距離を示す電波を飛行機に送ります。

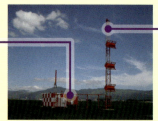
写真：国土交通省航空局

グライドスロープ
飛行機に着陸点までの降りる角度を示す電波を送ります。

滑走路の中心

豆知識 機長と副操縦士の機内食は別メニューなんだ。同じメニューの食事で二人とも食中毒になるのを防ぐためなんだよ。

column

飛行を支える仲間たち

レーダーの電波を使って、管制部は飛行機の位置を知るんだ。方位、距離、気象の情報も、電波で管制部やパイロットに伝えるんだよ。空港の周辺に設置されているよ。

空港監視レーダー

一次レーダーアンテナは空港から約110km以内の飛行機に電波を当て、はね返る電波から管制部が飛行機の位置を知らせます。二次レーダーからの電波で飛行機と信号で交信もします。

写真：国土交通省航空局

航空路監視レーダー

半径約460km以内の飛行機の位置を、管制部に知らせます。

写真：国土交通省航空局

空港面探知レーダー

空港の場内を走行する飛行機や作業車などの位置を、管制部に知らせます。

写真：国土交通省航空局

距離測定装置

飛行機は、ここから出される電波で自分の方位・距離の情報を受け、自分の位置を確認しながら飛びます。役割は空港用距離測定装置に似ています。

写真：国土交通省航空局

気象ドップラーレーダー

回転するアンテナから電波を出し、離発着時の急な風の変化を探知して、管制部からパイロットに伝えます。

航空路

インナーマーカー

滑走路までの距離を示す電波を真上に出し、飛行機に送ります。

ローカライザー

滑走路の中心を示す電波を出し、飛行機に滑走路の向きを伝えます。

写真：国土交通省航空局

目指す着地点

協力：国土交通省航空局

 豆知識 東京国際空港などの大きな空港の混雑する時間帯では、2分間隔で航空機の離着陸が行われるよ。

航空路

飛行機のための信号機
～ 離着陸のコントロール ～

飛行機の離着陸を昼も夜も助けるために、滑走路には、目立ってわかりやすい信号機がたくさん設置されているよ。これらは航空灯火と呼ばれているんだ。

航空灯火のしくみ

航空灯火は、管制部の指示に従い飛行機を滑走路へ正しく導くための光の信号だよ。種類ごとに配列や種類、光の明るさ、光の向きなどが決まっているんだ。

エプロン照明灯
飛行機をとめておく場所（エプロン）を照らします。
写真：国土交通省航空局

風向灯
風向きを示す吹き流しを照らします。
写真：国土交通省航空局

接地帯灯
飛行機が着陸（接地）してもよい場所を示します。
写真：国土交通省航空局

進入角指示灯
着陸しようとする飛行機に、降りる角度を示します。
写真：国土交通省航空局

滑走路末端灯
離着陸しようとする飛行機に、滑走路の端を示します。
写真：国土交通省航空局

進入灯
着陸しようとする飛行機に、進入の道筋を示します。
写真：国土交通省航空局

パイロットから見えるよう、天候に応じて適切な明るさに調整するんだ

クイズ 地上60m以上の建物には赤色や白色の灯火がついているよ。何のためかな？ →

42

滑走路灯
離着陸しようとする飛行機に、滑走路を示します。

旋回灯
上空で着陸を待つ飛行機に、滑走路の位置を示します。

写真：国土交通省航空局

進入灯台
着陸しようとする飛行機に、進入区域の要点を示します。

写真：国土交通省航空局

過走帯灯
滑走路で止まれなかったときのための、つけ足し場所（過走帯）を示します。

写真：国土交通省航空局

進入路指示灯

滑走路中心線灯
離着陸しようとする飛行機に、滑走路の中心を示します。

写真：国土交通省航空局

誘導路中心線灯
地上を走る飛行機に、誘導路の中心線などを示します。

写真：国土交通省航空局

誘導路灯
地上を走る飛行機に、誘導路やエプロンの縁を示します。

写真：国土交通省航空局

飛行場灯台

誘導案内灯
飛行機を滑走路Eの4番誘導番路へ誘導しています。

写真：国土交通省航空局

連鎖式閃光灯
進入灯を見やすくするために、進入灯の中心を照らします。

写真：国土交通省航空局

滑走路警戒灯
地上を走る飛行機に、滑走路に入る前の一時停止線を示します。
写真：国土交通省航空局

これだけの数の灯火が飛行機の安全を支えているんだね

出典：国土交通省航空局

航空路

 飛行機がぶつからないため。「航空障害灯」と呼び、設置にはビルだけでなく鉄塔やクレーンなども含まれるよ。

航空路

現場レポート 空港で預けた荷物はどこへ行くの？

ぼくたちが飛行機に乗るとき、トランクなどの大きな手荷物は持ちこめないね。乗る前に預けた手荷物をどうやって飛行機にのせるのか、荷物のルートを追ったよ

①手荷物を預ける

あらかじめ発行されたタグを手荷物につけ、自動手荷物預け機のベルトの上にのせるよ。危険物の有無の確認も行うよ。

危険物の確認を行う

自動手荷物預け機のベルトに荷物をのせる

写真：日本航空株式会社

②コンテナへ振り分ける

乗る航空機のコンテナに、正しく手荷物を入れられるよう、タグの情報で振り分けるよ。

ベルトの上を流れる手荷物

写真：日本航空株式会社

③コンテナにのせる

人の手で手荷物をコンテナにのせていくよ。出発時間に間に合わせなくてはならないので大変なんだ。

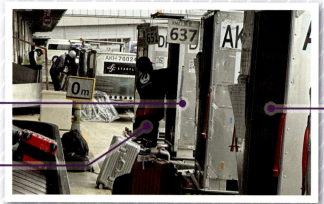

コンテナ

手作業でのせる

写真：日本航空株式会社

豆知識 客室内には、カッターはもちろん、はさみも持ちこめないから注意しよう。ただし、貨物室に預けることはできるよ。

④機体へ運ぶ

手荷物の入ったコンテナを車に連結して、飛行機へ運んでいくんだ。

手荷物の入ったコンテナ

車に連結される

写真：日本航空株式会社

⑤機体に積む

大きな飛行機にはコンテナごと入れるけど、小さい飛行機では手荷物を1つずつ手作業で積むこともあるよ。

コンテナごと飛行機へ

コンテナは客室の真下あたりに

写真：日本航空株式会社

⑥積みこみ完了で目的地へ

手荷物と乗客を乗せた航空機は目的地に向かって飛び立つよ。時間内に作業終了！

見送られて出発！

写真：日本航空

手荷物を扱うグランドハンドリングの人が、「お客様に感謝されることがうれしい」と教えてくれたよ

⑦到着先で手荷物を受け取る

手荷物受け取り場所へ行けば受け取れるよ。

積み方の工夫

つぶれないよう、固いものを下に、柔らかいものを上に積む。すき間なく積むことで、くずれることも防げるんだ。取り出しやすいようにハンドルやタグを手前にすることも重要だよ。

写真：日本航空

航空路

スマートフォンや携帯ゲーム機などに使われるリチウムイオン電池は発火の危険があるため、機内に持ちこむときは航空会社の指示に従おう。

さくいん

あ

アーチ橋	19
秋田新幹線	30
アスファルト	17
AIS JAPAN	37
インナーマーカー	41
エプロン照明灯	42
横断歩道または自転車横断帯あり	9
大阪国際空港（伊丹空港）	35
オフセット	15

か

がいし	22、24
ガイドウェイ	32
火災検知器	18
ガス	12
架線	22
過走帯灯	43
滑走路	35、40
滑走路灯	43
滑走路警戒灯	43
滑走路中心線灯	43
滑走路末端灯	42
カバー	25
換気口	24
管制部	38
機体	45
気象ドップラーレーダー	41
基層	17
き電線	22
き電分岐線	22
軌道スラブ	23
九州新幹線	30
共同溝	13
距離測定装置	41
近畿日本鉄道・大和西大寺駅	21
空港	44
空航監視レーダー	41
空港面探知レーダー	41
空航用距離測定装置	40
区画線	11
グライドスロープ	40
警告や注意	11
軽車両	10
警報	26
警報音発生スピーカー	26
警報灯	26
下水道	12
けた	19
けた橋	19
航空灯火	42
航空路	34、37
航空路監視レーダー	41
航空路管制	39
高高度	38
高速自動車道（高速道路）	6、7
剛体架線	24
剛体ちょう架式	24
交通管制センター	14
交通信号制御機	14
交通整理	14
交通流監視カメラ	14
神戸航空交通管制部	38
国道	6
国内線	36
コムトラック	31
コンテナ	44

さ

サイクル	15
最高速度	9
山陽新幹線	30
ジェットファン	18
市（区）町村道	6
姿勢指示器	40
自然換気方式	24
遮断かん	26
斜張橋	19
車両感知器	14
車輪	33
集電靴	25
上越新幹線	30
消火器	18
上水道	12
照明	18
磁力	32
新幹線	30
新幹線総合指令所	31
信号機	14、28、42
信号機・警報板	18
進行方向別通行区分	9
新入角指示灯	42
進入灯	42
進入灯台	43
推進コイル	32
ストッパ	23
スピーカー	18

スプリット……………… 15
スラブ式 ……………… 23
制限速度 ……………… 8
石油 …………………… 17
接地帯灯 ……………… 42
旋回灯 ………………… 43
センターライン ……… 9
線路 ……………… 20、22
速度標識 ……………… 7
測量 …………………… 16

た

ターミナル・レーダー管制 … 39
第三軌条方式 ………… 25
第三のレール ………… 25
高尾山インターチェンジ … 5
地下鉄 …………… 13、24
着陸 …………………… 40
駐車禁止 ……………… 9
調整モルタル ………… 23
超電導磁石 …………… 33
超電導 ………………… 33
通信網 ………………… 12
通報装置 ……………… 18
つり橋 ………………… 19
低高度 ………………… 38
手荷物 ………………… 44
テレビカメラ ………… 18
電気 …………………… 22
電車 …………………… 22
電波 …………………… 40
電力線 ………………… 13
東海道新幹線 ………… 30
東京航空交通管制部 … 38
東北新幹線 …………… 30
道路 ……… 4、6、10、12、16
特殊信号発光機 ……… 27

都道府県道 …………… 6
トラス橋 ……………… 19
トロリ線 ………… 22、24
トンネル ……………… 18

な

西九州新幹線 ………… 30

は

橋 ……………………… 18
バラスト式 …………… 23
バラスト（道床）…… 23
パンタグラフ …… 22、24
ハンドオフ …………… 39
飛行機 …… 36、38、40、42
飛行場管制 …………… 39
非常口 ………………… 18
非常電話 ……………… 18
非常ボタン・SOSボタン … 26
標示 ……………… 9、10
標識 ……………… 9、10
表層 …………………… 17
風向灯 ………………… 42
福岡航空交通管制部 … 38
福岡市地下鉄 七隈線 … 24
浮上・案内コイル …… 32
普通自転車専用通行帯 … 8
踏切 …………………… 26
踏切警標 ……………… 26
踏切遮断機 …………… 27
ブリンカーライト …… 7
ブレーキ ……………… 23
閉そく区間 …………… 29
方向指示器 …………… 26
北陸新幹線 …………… 30
歩行者横断禁止 ……… 9

舗装 …………………… 16
北海道新幹線 ………… 30

ま

枕木 …………………… 23
水噴霧設備 …………… 18
モーター ……………… 22

や

山形新幹線 …………… 30
山手トンネル ………… 18
誘導案内灯 …………… 43
誘導路灯 ……………… 43
誘導路中心線灯 ……… 43

ら

ラーメン橋 …………… 19
ライフライン ………… 12
離着陸 ………………… 42
リニア中央新幹線 …… 32
料金所 ………………… 7
ルートマップ ………… 36
レール …………… 23、25
列車 ……………… 20、26、28
連鎖式閃光灯 ………… 43
ローカライザー ……… 41
路床 …………………… 16
路盤 ……………… 16、23

47

監修 **石井正広**（いしい まさひろ）

装丁・本文デザイン
Q.design（別府　拓、奥平菜月）

キャラクターイラスト
メイボランチ

本文イラスト
しゅんぶん、マカベアキオ、堀口順一朗

地図制作
株式会社ジェオ

編集協力
株式会社スリーシーズン（鈴木由紀子、土屋まり子、永渕美加子）、
入澤宣幸、今井美穂、岡本あゆみ、林千珠子、福森美恵子、鈴木一馬

DTP
G.B. Design House、ハタ・メディア工房株式会社

写真
PIXTA

NDC 600

Gakken 2025 48P 29cm　ISBN 978-4-05-501458-8　C8660

ライフライン大図解
①道路・線路・航空路　人や荷物が行き交う乗り物の通り道

2025年2月18日　第1刷発行

監修者　石井正広
発行人　川畑　勝
編集人　志村俊幸
編集長　辻本英樹
編集担当　結城正博　松橋　研
発行所　株式会社Gakken
　　　　〒141-8416
　　　　東京都品川区西五反田 2-11-8
印刷所　大日本印刷株式会社

●この本に関する各種お問い合わせ先
・本の内容については、下記サイトのお問い合わせフォームよりお願いします。
　https://www.corp-gakken.co.jp/contact/
・在庫については TEL：03-6431-1197（販売部）
・不良品（落丁、乱丁）については TEL：0570-000577（学研業務センター）
　〒354-0045 埼玉県入間郡三芳町上富 279-1
・上記以外のお問い合わせは TEL：0570-056-710（学研グループ総合案内）

© Gakken

本書の無断転載、複製、複写（コピー）、翻訳を禁じます。
本書を代行業者等の第三者に依頼してスキャンやデジタル化することは、
たとえ個人や家庭内の利用であっても、著作権法上、認められておりません。
学研グループの書籍・雑誌についての新刊情報・詳細情報は、下記をご覧ください。
学研出版サイト　https://hon.gakken.jp/

学研の調べ学習お役立ちネット　図書館行こ！
https://go-toshokan.gakken.jp/

特別堅牢製本図書

ライフライン大図解

1 人や荷物が行き交う乗り物の通り道
道路・線路・航空路

2 現代社会を支える電気や光の通り道
電力線・通信網

3 生命活動に欠かせない水の通り道
河川・上水道・下水道